BEI GRIN MACHT SICH IHR WISSEN BEZAHLT

- Wir veröffentlichen Ihre Hausarbeit,
  Bachelor- und Masterarbeit

- Ihr eigenes eBook und Buch -
  weltweit in allen wichtigen Shops

- Verdienen Sie an jedem Verkauf

Jetzt bei www.GRIN.com hochladen und kostenlos publizieren

Sozialkognitive Lerntheorie nach Bandura

Bibliografische Information der Deutschen Nationalbibliothek:

Die Deutsche Nationalbibliothek verzeichnet diese Publikation in der Deutschen Nationalbibliografie; detaillierte bibliografische Daten sind im Internet über http://dnb.d-nb.de abrufbar.

ISBN: 9783346660152
Dieses Buch ist auch als E-Book erhältlich.

© GRIN Publishing GmbH
Trappentreustraße 1
80339 München

Druck und Bindung: Books on Demand GmbH, Norderstedt Germany
Gedruckt auf säurefreiem Papier aus verantwortungsvollen Quellen

Das vorliegende Werk wurde sorgfältig erarbeitet. Dennoch übernehmen Autoren und Verlag für die Richtigkeit von Angaben, Hinweisen, Links und Ratschlägen sowie eventuelle Druckfehler keine Haftung.

Das Buch bei GRIN: https://www.grin.com/document/1225312

Lernen am Modell – Banduras Sozialkognitive Lerntheorie

Inhaltsverzeichnis

Sozialkognitive Lerntheorie

Lerntheorien haben gemein, dass sie Aspekte der Umwelt eines Individuums als treibende Kraft im Entwicklungs- und Lernprozess ansehen. Im Laufe der Zeit wurden sie in drei verschiedene Arten eingeordnet: den Behaviorismus, die Sozialen Lerntheorien und die Sozialkognitiven Lerntheorien (Nabavi, 2012).

Die historisch erste Form der Lerntheorie ist der Behaviorismus. Dieser fokussiert sich auf alles Beobachtbare, also lediglich das sichtbare Verhalten des Menschen und die Reize von außen, die zum Lernprozess beitragen. Den Menschen an sich versteht der Behaviorismus als „Black-Box", dessen internale Prozesse nicht messbar und daher zu vernachlässigen sind. Aus diesem Grund sind Emotionen, Wahrnehmung und sämtliche andere kognitive Prozesse in dieser Form der Lerntheorie nicht berücksichtigt (Reuter, 2015).

Bandura entwickelt etwas später die Soziale Lerntheorie, bevor er sie erweiterte und sie zur Sozialkognitiven Lerntheorie ausbaute. Seine Soziale Lerntheorie basierte auf dem Gedanken, dass Lernprozesse aus sozialen Kontexten heraus geschehen. Beruhend auf der Beobachtung von Verhaltensweisen anderer Menschen, entwickelt der*die Beobachter*in konsekutiv ähnliche Verhaltensvarianten (Bandura, 1977; zitiert nach Nabavi, 2012).

Durch das Einbeziehen kognitiver Abläufe in seine Sozialkognitive Lerntheorie schuf Bandura einen Rahmen, um menschliches Verhalten besser verstehen, vorhersagen und sogar gezielt ändern zu können (Green & Piel, 2015). Dies ist der bedeutende Unterschied zum Behaviorismus und der Sozialen Lerntheorie, die zwar auch Prozesse des Beobachtungslernens beschreiben, aber in denen kognitive Prozesse noch keine Rolle spielen (Reuter, 2015). Bei der Sozialkognitiven Lerntheorie von Bandura geht es um Lernvorgänge, die durch Beobachtung erfolgen und dadurch einen kognitiven Prozess anstoßen. Eine Person beobachtet das Verhalten einer anderen, welches zum Vorbild wird und einen Lernprozess auslöst. Dieser läuft, laut Bandura, im Rahmen der Aneignungsphase und der darauffolgenden Ausführungsphase ab (Bandura, 1971).

Die Aneignungsphase besteht aus den Aufmerksamkeitsprozessen und den Gedächtnisprozessen, während die Ausführungsphase die motorischen Reproduktionsprozesse und die Verstärkungs- und Motivationsprozesse enthält (Bandura, 1971).

Die Aufmerksamkeitsprozesse sind bedeutsam, da das Lernen am Modell mit einer differenzierteren Beobachtung erfolgreicher ist (Edelmann, 2000). Dazu gehört auch das Wählen relevanter Information aus der Masse an Reizen, die eine Person durch die Beobachtung eines Vorbilds erhält (Siebert, 2004). Wie viel Aufmerksamkeit einem Vorbild aber entgegengebracht wird, hängt maßgeblich von den folgenden Faktoren ab.

Menschen, die große soziale Macht haben, hohes Ansehen oder die besonders sympathisch sind, erhalten überdurchschnittlich viel Aufmerksamkeit und werden öfter als Vorbilder herangezogen (Bandura, 1971). Das gilt ebenso für Personen, die mit dem*r Beobachter*in durch gewisse Ähnlichkeiten, wie zum Beispiel Werte oder Bedürfnisse, verbunden sind. Des Weiteren werden Vorbilder mit größerer Aufmerksamkeit wahrgenommen, wenn die beobachtende Person ein geringes Selbstvertrauen hat. Wenn zusätzlich noch eine emotionale Bindung oder eine Abhängigkeit zwischen Modell und Beobachter*in besteht, ist die Bereitschaft zur Nachahmung größer (Bandura, 1971).

Im Rahmen der Gedächtnisprozesse werden die beobachteten Verhaltensweisen in spezifische Schemata umgewandelt, also akkommodiert. Sie können auch erweitert bzw. assimiliert werden, sodass die Wahrnehmungen als Erinnerungen abgerufen werden können und somit im Gedächtnis verankert sind (Bandura, 1971).

Nach der Aneignungsphase erfolgt die Ausführungsphase, die aus den motorischen Reproduktionsprozessen und den Verstärkungs- und Motivationsprozessen besteht. So- bald der*die Lernende die vorherigen Phasen durchlaufen und die motorischen Reproduktionsprozesse erreicht hat, werden Erinnerungen an das beobachtete Verhalten aktiv und er*sie versucht, dieses zu reproduzieren. Dafür werden in der Regel Situationen gewählt, in denen das gewählte Verhalten als vorteilhaft bewertet wird (Bandura, 1971). Anschließend folgen die Verstärkungs- und Motivationsprozesse. Bereits in der Aneignungs-, aber auch in der Ausführungsphase ist die Motivation ein wichtiger Faktor. Die Verstärkung kann hierbei als eine Form der Motivation betrachtet werden, denn Verstärkung bedeutet eine positive Auswirkung durch ein bestimmtes Verhalten oder das Aus- bleiben einer negativen Konsequenz (Bandura, 1971).

Laut Banduras Sozialkognitiver Theorie existieren drei verschiedene Arten von Verstärkern, die im Lernprozess zum Einsatz kommen können: die externe Verstärkung, die stellvertretende Verstärkung und die direkte Selbstverstärkung. Bei der externen Verstärkung folgt eine angenehme Konsequenz auf das Verhalten der Person, die ein beobachtetes Verhalten reproduziert. Sie erfährt also unmittelbare Bestätigung und wird das zuvor gezeigte Verhalten wahrscheinlicher wiederholen, als wenn sie keine Verstärkung erfahren hätte. Im Falle der stellvertretenden Verstärkung bekommt nicht die beobachtende Person eine Verstärkung, sondern die Person, die beobachtet wird. Die beobachtende Person nimmt lediglich wahr, dass das Verhalten positiv bewertet und mit einer angenehmen Konsequenz, zum Beispiel einem Lob oder einer Belohnung, gewürdigt wird. Bei der direkten Selbstverstärkung hingegen erfolgt die Bekräftigung nicht durch externe Faktoren. Die beobachtende Person lobt oder belohnt sich selbst für ein reproduziertes Verhalten (Bandura, 1971).

Bereits im Jahre 1963 führte Bandura sein wahrscheinlich bekanntestes Experiment durch, das „Bobo Doll Experiment" (Bandura, Ross & Ross, 1963). Dieses Experiment hatte das Modelllernen als Forschungsgegenstand und untersuchte explizit aggressives Verhalten. Kindern, die im Alter zwischen etwa drei und sechs Jahren waren, wurde ein Film gezeigt. Zu sehen war eine erwachsene Person, die „Rocky" genannt wurde, in einem Raum mit verschiedenen Objekten. Besonders im Fokus stand eine große Puppe mit dem Namen „Bobo". Im Laufe des Films verhielt sich die Person aggressiv gegen „Bobo", warf sie zu Boden, schlug sie, trat sie und verwendete verschiedene Schimpfworte. Dieser Teil des Films wurde allen Kindern gezeigt. Dann folgten drei verschiedene Enden der Szene. Die Kinder, randomisiert in drei Gruppen eingeteilt, bekamen jeweils eine der Varianten zu sehen. In der ersten Version wurde „Rocky" von einer anderen Person für das vorher gezeigte Verhalten mit Süßigkeiten belohnt und gelobt. In der zweiten Variante kam ebenfalls eine Person in den Raum. Allerdings wurde „Rocky" für das Verhalten getadelt, bedroht und geschlagen. In der letzten Version blieb „Rocky" alleine in dem Raum, niemand kam hinzu und das Ver- halten blieb unkommentiert (Bandura, Ross & Ross, 1963). Nachdem sie den Film an- gesehen hatten, wurden die Kinder einzeln in einen Raum gebracht, der mit den gleichen Objekten ausgestattet war wie im Film. Zwar wandten die Kinder sich auch anderen Gegenständen zu, ahmten aber auch „Rocky" Verhalten gegen die Puppe „Bobo" nach. Das Level der Aggressivität war hierbei unterschiedlich. Nachdem die Kinder im Film positive Verstärkung in Form von einer Belohnung oder einem Lob beobachtet hatten, wurde aggressiveres Verhalten gezeigt als vorher. Die Kinder waren weniger aggressiv, wenn sie den Film mit dem Ende gesehen hatten, in dem „Rocky" bestraft wurde. Hatten die Kinder gesehen, dass „Rockys" Verhalten ohne jede Konsequenz blieb, zeigten sie ähnlich aggressives Verhalten wie die Kinder, die zuvor die positive Verstärkung „Rockys" beobachtet hatten. Im Anschluss wurden die Kinder gebeten, sich an möglichst viele der gesehenen Handlungen zu erinnern und sie zu imitieren.

Zusätzlich wurde ihnen mitgeteilt, dass es bei einem guten Ergebnis eine Belohnung geben würde. Daraufhin zeigte die Gruppe, die beobachtet hatte, wie „Rocky" bestraft wurde, die höchste Nachahmungsrate, während aber auch alle anderen eine größere Anzahl an Imitationen aufwies. Aus den Ergebnissen seines Experimentes zog Bandura die Schlussfolgerung, dass Modelllernen funktioniert und je nach zu erwartender Konsequenz unterschiedlich stark reproduziert wird. Aus diesem Experiment ergab sich die erste grobe Aufteilung des Lernprozesses in die Aneignungsphase und die Ausführungsphase (Bandura, Ross & Ross, 1963).

Nicht zuletzt an dem „Bobo Doll Experiment" lassen sich die vier von Bandura postulierten Effekte des Modelllernens aufzeigen. Zu ihnen gehört der Modellierende Effekt, der Enthemmende Effekt, der Hemmende Effekt und der Auslösende Effekt (Bandura, Verres & Kober, 1979). Der Modellierende Effekt beinhaltet das Lernen eines neuen Verhaltens. Dabei kann es auch zum Beispiel um Einstellungen gegenüber bestimmten Themen oder Personen gehen. Das beobachtete Verhalten oder die erfahrene Einstellung wird dabei nicht direkt kopiert, sondern unterliegt zunächst einer Reorganisation, bevor es neu kombiniert und reproduziert wird (Bandura, Verres & Kober, 1979).

Bei dem Enthemmenden Effekt ist die im Fokus stehende Verhaltensweise bereits bekannt. Eine zuvor dagewesene Hemmschwelle sinkt aber durch die Beobachtung davon, dass eine andere Person auf ihr Verhalten hin positiv verstärkt wird oder keine negative Konsequenz daraus erwachsen ist. Die Wahrscheinlichkeit, das gleiche oder ein ähnliches Verhalten zu zeigen, steigt mit sinkender Hemmschwelle (Bandura, Verres & Kober, 1979).

Der Hemmende Effekt steht dem Enthemmenden Effekt diametral entgegen. In diesem Fall steigt die Hemmschwelle dadurch, dass eine negative Konsequenz auf das entsprechende Verhalten beobachtet wird oder die Beobachtung mit Emotionen wie zum Bei- spiel Angst einhergeht. In einer solchen Situation steigt die

Hemmschwelle der beobachtenden Person und es wird unwahrscheinlicher, dass sie das beobachtete Verhalten reproduzieren wird (Bandura, Verres & Kober, 1979).

Bei dem Auslösenden Effekt geht es um eine Dynamik, die von einer Person ausgelöst wird, die ein bestimmtes Verhalten zeigt und somit andere Personen dazu veranlasst, dieses zu imitieren. Die Hemmschwelle wird allein dadurch gesenkt, dass eine Person die anderen mitreißt. Hierbei steht nicht im Fokus, ob das Verhalten neu ist oder positive sowie negative Konsequenzen zur Folge hat (Bandura, Verres & Kober, 1979).

Zusammenfassend lassen sich einige grundlegende Annahmen über Banduras Sozial- kognitive Lerntheorie zusammenfassen, die Mccormick und Martinko im Rahmen ihrer Forschung herausarbeiteten. So hielten sie zunächst die Annahme fest, dass Menschen lernen können, indem sie das Verhalten anderer beobachten. Des Weiteren sei Lernen ein internaler Prozess, der die Veränderung des Verhaltens zur Folge haben kann, aber dies nicht immer der Fall sein muss. Daraus schlossen sie zu guter Letzt, dass ein Lernprozess auch dann erfolgt sein kann, wenn keine Verhaltensänderung beobachtbar ist, eine Imitation des beobachteten Verhaltens also ausbleibt (Mccormick & Martinko, 2004).

Banduras Sozialkognitive Lerntheorie hat in verschiedenen Fachbereichen hohe Rele- vanz und wird unter anderem hinsichtlich psychologischer, soziologischer und erzie- hungswissenschaftlicher Gesichtspunkte erforscht (Nabavi, 2012).

Forschungsstand anhand zweier Studien

Banduras Sozialkognitive Theorie ist nicht nur im theoretischen Bereich relevant, sondern zeigt auch in praktischen Lernkontexten ihre Bedeutsamkeit. Zunächst als Theorie entwickelt, die den komplexen Lernprozess am Modell beschreibt, wird sie auch in Zusammenhängen zunehmend wichtig, in denen es um Verhaltensveränderungen verschiedener Altersklassen geht.

„Gesundheitsförderung durch Modelllernen in der Grundschule" (Rumpf, 2013)

Besonders im Bereich Prävention und Gesundheitsförderung ist die Sozialkognitive Theorie nach Bandura ein interessantes Forschungsobjekt. So untersuchte Martin Rumpf 2013 in seiner Dissertation mit dem Titel "Gesundheitsförderung durch Modelllernen in der Grundschule", inwiefern sich mithilfe des Modelllernens das Bewegungsverhalten von Grundschüler*innen verändern lässt.

Die Studie wurde auf der Basis einiger Statistiken durchgeführt, die zeigen, dass Bewegungsmangel bereits im Kindesalter als Risikofaktor für Erkrankungen wie Diabetes oder die koronare Herzkrankheit einzustufen ist (de Silva-Sanigorsli et al., 2010; zitiert nach Rumpf, 2013). Auch in der URMEL - ICE - Studie aus dem Jahr 2006 lag der Fokus auf dem Gesundheitszustand von Kindern, in diesem Fall waren diese zwischen sechs und neun Jahren alt. Es zeigte sich, dass 16,5 % der Jungen und 17,3 % der Mädchen Übergewicht aufwiesen. Davon litten 3,5 % unter Adipositas. Darüber hinaus konnte die UR- MEL -ICE - Studie nachweisen, dass eine Korrelation zwischen mangelnder körperlicher Aktivität und Übergewicht bzw. Adipositas bestand. Des Weiteren zeigten sich Süßigkeiten- und Fernsehkonsum sowie Bildung und Migrationshintergrund als Prädiktoren für Übergewicht im Kindesalter (Nagel et al., 2009; zitiert nach Rumpf, 2013; Will, Zeeb & Haune, 2005; zitiert nach Rumpf, 2013).

Ausgehend von den soeben exemplarisch genannten Forschungsbefunden wurde in der Studie von Martin Rumpf die in Ulm bereits bestehende "Mini - Offensive" genutzt, die das Ziel hat, Kinder im Grundschulalter zu mehr Bewegung im Alltag zu motivieren. Als Grundlage wurde die Sozialkognitive Theorie von Bandura verwendet. Im Rahmen der "Mini-Offensive" findet gleichzeitig Nachwuchsförderung und Gesundheitsförderung statt. Grundschulklassen werden von Basketballprofis besucht, die gemeinsam mit einem männlichen Trainer eine Unterrichts- stunde gestalten und den Spaß am Sport vermitteln wollen. Sie bieten den Kindern also ein Vorbild, das sportlich ist und Freude an der Bewegung hat (Rumpf, 2013).

Obwohl die "Mini - Offensive" bereits seit einigen Jahren an Grundschulen aktiv ist, fehlte eine Evaluation ihrer Wirksamkeit. Dies zog Martin Rumpf als Gegenstand seiner Dissertation heran. Unter den Grundschulen, die sich für die Untersuchung bereit erklärten, wurden zufällig vier Klassen gewählt. Zwei dieser Klassen wurde ein möglichst ähnliches Modell zugeteilt: ein sehr jugendlich wirkender, 17 - jähriger Nachwuchsspieler. Den bei- den anderen Klassen wurde ein Modell zugeteilt, das den Kindern möglichst unähnlich war: ein 26 - jähriger, zwei Meter großer Profispieler. Dieser Teil der Studie basiert dem- nach auf der Aufmerksamkeitsphase von Banduras Sozialkognitiver Lerntheorie und der Annahme, dass die Aufmerksamkeit für ein Vorbild dann am größten ist, wenn das Vorbild der beobachtenden Person sehr ähnlich ist (Bandura, 1971). Zusätzlich wurde mit dem Faktor der positiven Verstärkung gearbeitet. Jeweils eine Klasse mit ähnlichem Vorbild und eine Klasse mit unähnlichem Vorbild erhielt nach dem Training eine Belohnung. Die anderen beiden

Klassen erhielten keine Belohnung, es fand also keinerlei Verstärkung statt (Rumpf, 2013). Dieser Teil hingegen fußt auf den Annahmen, die Bandura im Rahmen der Motivationsphase seiner Sozialkognitiven Theorie postulierte, nämlich, dass Verstärkung die Motivation erhöht und somit die Wahrscheinlichkeit steigt, dass ein erwünschtes Verhalten erneut ausgeführt wird (Bandura, 1971).

Die daraus resultierende Fragestellung war, ob die „Mini - Offensive" bei der Klasse mit dem ähnlichen Modell und der Verstärkung auch tatsächlich den größten Effekt zeigt und dementsprechend in der Klasse mit dem unähnlichen Modell und ohne Verstärkung den geringsten Effekt aufweist. Die Hypothesen lauteten:

„Hypothese 1: Die Mini-Offensive führt zu einer signifikanten Verbesserung der Kondition, der Koordination und der Einstellung zum Sport.

Hypothese 2: Je ähnlicher ein Vorbild ist und je eher das Vorbild belohnt wird, desto größer fällt die Verbesserung hinsichtlich Koordination und Kondition sowie der Einstellung zum Sport aus. Je unähnlicher ein Vorbild und je weniger das Vorbild belohnt, desto geringer fallen die Verbesserungen aus." (Rumpf, 2013, S.9).

Die Wirksamkeit der Studie wurde durch einen Sporttest und einen Fragebogen evaluiert. Sowohl der Sporttest als auch die Fragebogenumfrage wurden als Prä-Post-Messung durchgeführt. Bei dem Sporttest handelte es sich um den „Münchener Fitnesstest", abgekürzt mit MFT, aus dem exemplarisch zwei Übungen verwendet wurden, um den konditionellen und koordinativen Leistungsstand der Schüler*innen einschätzen zu können (Rusch & Irrgang, 1994; zitiert nach Rumpf, 2013).

Mithilfe des Fragebogens wurde erhoben, wie die Einstellung der Kinder zu Sport war, inwiefern Bewegung in ihrem Alltag verankert war und ggf. wer in der Familie Sport betreibt. Außerdem wurde in Erfahrung gebracht, inwiefern verschiedene Modelle und Verstärkungen die Leistung der Kinder, aber auch ihre Einstellung zu Sport und Bewegung, grundsätzlich veränderten. Es wurde in zwölf Items erfragt, wie gerne die Kinder Sport trieben und warum sie dies gerne bzw. ungerne taten. Da sich bereits bestehende Fragebogen für diesen Zweck als ungeeignet herausstellten, wurde ein eigens erstellter Fragebogen verwendet. Da in dieser Studie die Wirkung von Modellen besonders im Vordergrund stand, gab es zu diesem Thema vier zusätzliche Items. In diesen wurde abgefragt, ob die Kinder sportliche Vorbilder hatten, ob Sport sie grundsätzlich interessierte und sie diesem in irgendeiner Form medial folgten (Rumpf, 2013).

Mithilfe einer Varianzanalyse wurden die Hypothesen geprüft. Es zeigte sich, dass die Kinder aller Klassen sich bei den Sporttests verbessert hatten. Die Hypothese 1 konnte somit angenommen werden. Bei den Gruppen, die ein ähnliches Modell hatten, zeigte sich eine größere Verbesserung als bei den anderen beiden Gruppen. Die Verstärkung in Form einer Belohnung zeigte in dieser Studie keinen signifikanten Effekt. Die Hypothese 2 kann somit teilweise angenommen werden. In der Prä-Post-Messung mithilfe des Fragebogens zeigte sich keine veränderte Einstellung zum Sport (Rumpf, 2013).

Die Studie von Rumpf aus dem Jahr 2013 bestätigt also, dass das Modelllernen in Form von Banduras Sozialkognitiver Theorie im Kindesalter effektiv ist und im Bereich Prävention und Gesundheitsförderung Anwendung finden sollte. Die „Mini - Offensive" ist nach- weislich am wirkungsvollsten, wenn das Modell möglichst ähnlich, also sehr jugendlich ist. Da in dieser Studie nur männliche Modelle und Trainer eingesetzt wurden, wäre es in einer erneuten Untersuchung sinnvoll, auch weibliche Vorbilder einzusetzen, damit auch die an der „Mini-Offensive" teilnehmenden Mädchen ein möglichst ähnliches Modell haben. Die Wirkung der Belohnung könnte, laut Rumpf, dadurch erhöht werden, dass der Zeitraum zwischen Sporteinheit und Belohnung verkürzt würde (Rumpf, 2013).

„Mütterlicher und väterlicher Einfluss auf die Ernährung adipöser Kinder" (Hudjetz, 2014)

In der Dissertation „Mütterlicher und väterlicher Einfluss auf die Ernährung adipöser Kin- der" von Hudjetz (2014) wird der Eltern – Kind - Zusammenhang im Kontext Ernährung auf Basis von Banduras Sozialkognitiver Theorie untersucht. Der Untersuchungsgegen- stand ist die Frage, welchen Einfluss Mütter und Väter auf die Ernährung ihres adipösen Kindes (7 bis 13 Jahre) haben. Die Eltern gelten in der vorliegenden Studie als die Mo- delle, die Kinder sind die beobachtenden/lernenden Personen (Hudjetz, 2014).

Bereits im Kindes- und Jugendalter zählt Adipositas zu einem verbreiteten Gesundheitsproblem (Warschburger & Petermann, 2008; zitiert nach Hudjetz, 2014). Hudjetz führt eine Studie an, die zeigt, welchen Einfluss elterliches Ernährungsverhalten auf das Ver- halten des Kindes zeigt. In einer Stichprobe von 7285 7-jährigen Kindern wurde gezeigt, dass der Obst- und Gemüsekonsum der Kindesmutter einen Einfluss darauf hat, wie viel Obst und Gemüse das Kind zu sich nimmt (Jones, Steer, Rogers & Emmett, 2010; zitiert nach Hudjetz, 2014). Die

Untersuchung einer Stichprobe übergewichtiger Kinder nahmen im Jahr 2011 Raynor et al. vor. Sie untersuchten die Aufnahme von Obst, Gemüse, Milchprodukten, gesüßten Getränken und Snacks bei 4- bis 9-Jährigen. Auch hier konnte eine Korrelation zwischen dem Ernährungsverhalten der Eltern und ihrer Kinder festgestellt werden (Raynor et al., 2011; zitiert nach Hudjetz, 2014). Diese exemplarisch skizzierten Studien zeigen zwar Korrelationen, aber dennoch nicht ausreichend konsistente Ergebnisse im Kontext von Ernährungsverhalten und Modelllernen. Da auch die Quantität an Studien mit dieser Thematik gering ist, untersuchte Hudjetz dieses Phänomen in ihrer Dissertation genauer. In ihrer Studie betrachtete sie Mütter und Väter als gleichberechtigte Elternteile, da in vorherigen Studien die Rolle des Vaters in Bezug auf therapeutische oder präventive Interventionen eher nachrangig behandelt wurde (Hudjetz, 2014).

Im Kontext der Aggressionsforschung wurde bereits untersucht, unter welchen Gegebenheiten es besonders wahrscheinlich ist, dass bestimme Verhaltensweisen beobachtet, gelernt und reproduziert werden. Diese Erkenntnisse übertrug Hudjetz in ihrer Studie auf Ernährungsgewohnheiten. So zog sie für ihre Untersuchungen den Faktor „Ähnlichkeit" und „Beziehungsqualität" heran, da diese Aspekte, wenn sie sehr ausgeprägt sind, zu einem höheren Ausmaß an Verhaltensnachahmung führen. Auch, wenn eine Person besonders als Vorbild wahrgenommen wird, steigt die Wahrscheinlichkeit, dass ein vor- her beobachtetes Verhalten nachgeahmt wird (Bandura, 1969; zitiert nach Hudjetz, 2014). Das bewog Hudjetz dazu, zu erheben, inwieweit Kinder ihre Eltern als Vorbilder wahrnahmen. Zusätzlich nutzte Hudjetz einen weiteren Aspekt, der sich aus der in Banduras Sozialkognitiver Theorie postulierten Aneignungsphase, Aufmerksamkeits- und Gedächtnisprozesse inkludierend, ableitete. Diese Phase enthält den essenziellen Aspekt, dass zu erlernendes Verhalten in der Regel zuvor beobachtet werden kann (Bandura, 1969; zitiert nach Hudjetz, 2014). Auf dieser Forschungsgrundlage bezog Hudjetz in ihre Dissertationsarbeit ein, wie viel Zeit Modell und beobachtende Person miteinander verbringen und wie intensiv die Interaktion in dieser Zeit zwischen ihnen ausfällt. Besonders wichtig war hierbei die Zeit, die im Kontext von Nahrungsaufnahme alltäglich miteinander verbracht wurde.

Hudjetz befasste sich in Ihrer Dissertationsarbeit mit folgenden Haupthypothesen:

„Haupthypothese 1: Es besteht ein positiver Zusammenhang zwischen der Ernährung der Kinder und ihrer Eltern.

Haupthypothese 2: Der positive Zusammenhang zwischen elterlicher und kindlicher Ernährung wird vermittelt über Ähnlichkeit, Beziehungsqualität und gemeinsam verbrachte Zeit. Die Wahrnehmung eines Elternteils als Vorbild fördert das Modelllernen." (Hudjetz, 2014, S.87 f.).

Die Untersuchung an adipösen Kindern zwischen 7 und 13 Jahren wurde deutschland- weit in neun Reha-Kliniken durchgeführt. Um das Modelllernen erforschen zu können, wurden 75 vollständige Mutter-Vater-Kind-Triaden herangezogen. Auf Grundlage der EPOC-Studie zum Thema Empowerment von Eltern adipöser Kinder (Warschburger, Kroeller, Haerting, Unverzagt & van Egmond-Fröhlich, 2016; zitiert nach Hudjetz, 2014) nahmen die Eltern mit ihren Kindern im Rahmen von Hudjetz' Forschung an einer kindlichen Adipositas-Rehabilitationsmaßnahme teil. Unterschrieben die Eltern die vorab zu- gesendete Einverständniserklärung, wurden sie nach erfolgter Prüfung der Ein- bzw. Ausschlusskriterien zufällig zur Kontroll- oder Interventionsgruppe zugeordnet (Hudjetz, 2014).

Die Wirksamkeit wurde anhand einer Prä–Post-Messung durchgeführt: Die Familien erhielten vor Beginn der Reha und 6 Monate nach Beendigung ein Fragebogenpaket. Das Fragebogenpaket enthielt eine „Food Frequency List" (FFL) zur Erhebung der Ernährung von Eltern und Kind sowie ein selbst entwickeltes Instrument zur Erhebung der Beziehungsqualität zwischen Eltern und Kind, basierend auf den englischsprachigen Fragebögen „Parent-Child Closeness Scale" (PCC; Buchanan, Maccoby & Dornbusch, 1991; zitiert nach Hudjetz, 2014) und „Parent-Child Relationship Questionnaires" (PCRQ; Furman, 1991; zitiert nach Hudjetz, 2014). Um die wahrgenommene Ähnlichkeit zwischen Mutter bzw. Vater und Kind zu erheben, wurde eine Skala auf Basis des „Familiendiagnostischen Testsystems" entwickelt (FDTS – ES / ET - Testsystem; Schnee- wind, Beckmann & Hecht-Jackl, 1985; zitiert nach Hudjetz, 2014). Die Zeit, die Eltern und Kind gemeinsam zubringen, wurde anhand der Zeitvariablen „allgemeiner gemeinsamer Zeit", „intensiv miteinander verbrachter Zeit", „tätigkeitsbezogener gemeinsamer Zeit" sowie

„essensbezogener gemeinsamer Zeit" erhoben (Hudjetz, 2014).

Wie in der ersten Hauphypothese angenommen, zeigte sich eine positive Korrelation zwischen mütterlicher und kindlicher sowie väterlicher und kindlicher Ernährung, wobei der Zusammenhang bei Mutter und Kind größer war. Eine Kausalität war nicht nachweis- bar (Hudjetz, 2014).

Bezüglich der zweiten Hauphypothese konnten die Beziehungsqualität und die Vorbildwahrnehmung als moderierender Einfluss auf die Korrelation von kindlicher und elterlicher Wahrnehmung bestätigt werden. Auch der Einfluss von „gemeinsam verbrachter Zeit" konnte, insbesondere bezüglich der Vater–Kind-Beziehung, nachgewiesen werden. Als abschließende Zusammenfassung kann festgehalten werden, dass bei den 75 Eltern–Kind-Triaden nach Teilnahme an der Reha-Maßnahme eine Veränderung des Ernährungsverhaltens zu beobachten war. Sowohl die Umstellung der Mutter auf gesünderes Essen als auch die Umstellung des Vaters auf ungesünderes Essen zeigte einen entsprechenden Effekt auf das Essverhalten des Kindes. Die Faktoren Ähnlichkeit, Vorbildfunktion und die miteinander verbrachte Zeit konnten als Moderatorvariablen angenommen werden (Hudjetz, 2014).

Da nicht alle Unterhypothesen hinsichtlich Banduras Sozialkognitiver Theorie angenommen werden konnten, vermutete Hudjetz schließlich das Wirken von weiteren Einflussfaktoren neben den Effekten des Modelllernens. Sie nahm an, dass ein Prozess wie die Kontrolle durch die Eltern die Phasen des Modelllernens möglicherweise hemmt (Ogden, Reynolds & Smith, 2006; zitiert nach Hudjetz, 2014). So wäre es also möglich, dass Eltern ihre Kinder zur gesunden Ernährung motivieren, aber durch gleichzeitige Kon- trolle, beispielsweise durch Verbot ungesunder Lebensmittel, ihren Vorbildcharakter zunichtemachen. Mit der Annahme, dass Väter tendenziell weniger kontrollierend im Kontext der Nahrungsaufnahme auftreten als Mütter, ließe sich erklären, warum es in Hudjetz' Dissertationsarbeit im Vater - Kind - Bezug zu größeren Effekten hinsichtlich des Modelllernens kam.

Sie regt schließlich dazu an, in weiteren Untersuchungen die beiden getrennten Strate- gien der Ernährungskontrolle und des Modellverhaltens in Interventionsprogrammen bewusst zu machen. Dabei sollten auch die unterschiedlichen Einflüsse von Mutter und Vater thematisiert werden. So könnten daraus resultierende Vorteile und auch Nachteile herausgearbeitet werden, um ein differenzierteres Modell zur Verhaltensmodifikation zu erarbeiten (Hudjetz, 2014).

Die sozialkognitive Lerntheorie in Anwendung auf das Krankheitsbild Anorexia Nervosa Banduras Sozialkognitive Lerntheorie zeigt in vielen verschiedenen Fachbereichen und Themengebieten Relevanz. Angefangen bei aggressivem Verhalten (Bandura, Ross & Ross, 1963) bis hin zur Sexualdelinquenz (Wolter, 2014) liefert sie ein stichhaltiges Modell zur Erklärung dieser Phänomene und bietet eine Grundlage für Prävention, Therapie und Rückfallprophylaxe (Sokolwoski, 2011). Auch die Frage, ob es Zusammenhänge zwischen in Film und Fernsehen beobachteter Gewalt und später reproduziertem aggressivem Verhalten gibt, wurde, erinnernd an Banduras „Bobo Doll Experiment" (Bandura, Ross & Ross, 1963), im Laufe der Zeit immer wieder erforscht (Theunert, 1996; Früh & Brosius, 2008; Zipfel, 2020). Die Medien als Risikofaktor wurden auch hinsichtlich Themen der Ernährung, des Körperbildes und damit verbundenen Essstörungen vielfach untersucht (Mummer, 2019), wobei hier auch die sozialen Medien und die Rolle von Influencer*innen vermehrt im Fokus stehen (Waldner, 2018). Nach wie vor ist zu klären, wie groß der Einfluss jeglicher Medien auf Sozialkognitives Lernen im Bereich des aggressiven Verhaltens, des Ernährungsverhaltens und der Essstörungen ist. Immer wie- der gibt es Hinweise darauf, dass Medien ein Risiko für Essstörungen und ein verzerrtes Körperbild sein können (Jung & Jackob, 2021).

Doch, obgleich das durch Medien ausgelöste Modelllernen ein potenzieller Risikofaktor ist, der zu pathologischem Essverhalten führen kann, kann die Sozialkognitive Theorie Banduras genauso angewendet werden, um das Verhältnis zum eigenen Körper und zum Essen wieder zu normalisieren. Neben seiner Lerntheorie scheint auch sein postuliertes Konzept der Selbstwirksamkeit (Bandura, Freeman & Lightsey, 1999) Einfluss auf die Vulnerabilität einerseits und den Therapieerfolg einer Person andererseits zu haben (Ruholl & Schneider, 2007). Die Selbstwirksamkeit hat ihren Platz vorwiegend in der kognitiven Psychologie und beschreibt die Überzeugung eines Menschen, auch in her- ausfordernden Situationen in der Lage zu sein, diese eigenständig bewältigen und Lösungen finden zu können (Bandura, Freeman & Lightsey, 1999). Die Ausprägung der Selbstwirksamkeit spielt insbesondere bei Menschen mit einer Angststörung, Depression und Essstörung eine entscheidende Rolle. Zu Beginn der Therapie einer Essstörung ist die Selbstwirksamkeit in der Regel sehr gering (Ruholl & Schneider, 2007). Damit gehen häufig auch körperliche Probleme und Schwierigkeiten mit zwischenmenschlichen Interaktionen und Beziehungen einher. In der Studie von Ruholl und Schneider (2007) zeigte sich ein allmählicher Anstieg der Selbstwirksamkeit bei Patient*innen mit Essstörungen über den gesamten Verlauf der stationären Therapie. Hierbei stieg insbesondere die körperbezogene Selbstwirksamkeit. Die kommunikationsbezogene und leistungsbezogene Selbstwirksamkeit stieg ebenfalls, allerdings war der Anstieg weniger stark (Ruholl & Schneider, 2007).

Im verhaltenstherapeutischen stationären Setting für die Behandlung von Anorexia Nervosa, auch Magersucht genannt, gibt es einige Faktoren, die nach dem Prinzip von Banduras Sozialkognitiver Theorie funktionieren. Die Anorexia Nervosa, in der ICD-10 codiert als F 50.0, ist definiert als eine psychische Erkrankung, die mit selbst herbeigeführtem oder aufrechterhaltenem Gewichtsverlust einhergeht. Am häufigsten tritt sie bei heranwachsenden Mädchen und auch jungen Frauen auf (Dilling & Freyberger, 2016).

Im offen geführten stationären Setting gibt es Regeln und Gegebenheiten, deren Wirksamkeit sich anhand des Modelllernens von Bandura erklären lassen. Dazu gehört beispielsweise das Einhalten regelmäßiger gemeinsamer Mahlzeiten auf der Station (Reich & Cierpka, 2001). Die meisten Personen, die an Anorexia Nervosa erkrankt sind, haben mit der Zeit aufgehört, Mahlzeiten mit anderen Menschen gemeinsam einzunehmen. Hinzu kommt der Faktor der Regelmäßigkeit der Nahrungsaufnahme, welcher mit der Intention der Gewichtsabnahme im Krankheitsverlauf immer weniger zum Alltag einer magersüchtigen Person gehört. Durch die Maßnahme der regelmäßigen, gemeinsamen Mahlzeiten soll das Verhältnis zum Thema Essen mit der Zeit normalisiert werden und durch den sozialen Kontext zum Erleben positiver, verbindender Momente führen (Reich & Cierpka, 2001).

Zieht man nun Banduras Sozialkognitive Lerntheorie zur Erklärung der Wirksamkeit von regelmäßigen, gemeinsamen Mahlzeiten in der stationären Therapie von Anorexia Nervosa heran, lässt sich das Lernen des gesunden Essens anhand der insgesamt vier postulierten Phasen erläutern (Bandura,1971): Während der Aufmerksamkeitsprozesse in der Aneignungsphase nehmen die Patient*innen das Verhalten der anderen Personen um sie herum während der Mahlzeiten wahr. Dazu gehören die Mitpatient*innen genauso wie die Pflegekräfte. Durch die vorhandenen Regeln für die Mahlzeiten sehen die Patient*innen überwiegend ein sich zumindest an die Normalität annäherndes Essverhalten. Die Dauer der stationären Aufenthalte und die tägliche Regelmäßigkeit der Mahlzeiten gibt den Patient*innen viel Zeit, um nach den Aufmerksamkeitsprozessen in die Gedächtnisprozesse überzugehen. Diese werden dadurch begünstigt, dass jeden Tag mehrfach die gleiche Situation geschaffen wird. Der Prozess der Nahrungsaufnahme gewinnt somit an Normalität und wird für die Betroffenen annehmbarer und erhält möglicherweise mit der Zeit auch eine positive Konnotation durch den Aspekt der Gesellschaft. In der Ausführungsphase erfolgt zunächst der Reproduktionsprozess. Die Patient*innen führen das gesehene Verhalten aus, nehmen also ihre Mahlzeiten täglich zu den gleichen Uhrzeiten zu sich. In der letzten Phase, den Verstärkungs- und Motivationsprozessen, kommen potenzielle Konsequenzen zum Tragen, wenn die Mahlzeiten nicht wahrgenommen werden. Wenn beispielsweise dreimal nicht an einer Mahlzeit teil- genommen wird, kommt es in vielen Kliniken zur Entlassung. Die betroffene Person er- fährt somit eine Bestrafung, sofern genügend Krankheitseinsicht vorhanden ist und die Therapie im Vorfeld grundsätzlich als sinnvoll erachtet wurde. Die Mitpatient*innen erleben die Entlassung der Betroffenen als stellvertretende Verstärkung, denn sie möchten diese Konsequenz nicht durch ihr Verhalten hervorrufen.

Ähnliches gilt für das Verstoßen gegen festgelegte Inhalte eines mit dem*r Patient*in vereinbarten und unterzeichneten Behandlungsvertrages (Herpertz, 2012). Hier kann zum Beispiel ein Gewicht festgehalten werden, das nicht unterschritten werden darf oder andere Regeln wie die bereits erwähnte regelmäßige Teilnahme an gemeinsamen Mahlzeiten sowie zuverlässige Teilnahme an Therapien. Wird der Behandlungsvertrag nicht eingehalten, kann dies ebenso zu Konsequenzen in Form von Bestrafungen führen (Herpertz, 2012).

Genauso kann in diesem Kontext aber auch positive Verstärkung stattfinden. Nehmen die Patient*innen die regelmäßigen Mahlzeiten zuverlässig wahr, nähern sie sich dadurch mit jedem Tag einem gesunden Normalgewicht und lernen zudem die normale, regelmäßige Nahrungsaufnahme in Gesellschaft. Kommt dann noch ein Commitment für Einzeltherapiesitzungen und weitere Therapieformen wie zum Beispiel der Euthymem Therapie hinzu, stabilisiert sich der emotionale Zustand der Patient*innen zunehmend und die Nahrungsaufnahme kann immer öfter auch als verdienter Genuss wahrgenommen werden. In dieser Situation kann der Therapieerfolg in Form einer verbesserten Wahrnehmung der Nahrungsaufnahme, des eigenen Körpers, der eigenen Leistung und der allgemeinen emotionalen Lage als positiver Verstärker fungieren. Führt dieser Therapieerfolg schließlich zur

Entlassung, wirkt dies für die entlassene Person als positiver Verstärker, für die Mitpatient*innen als stellvertretender positiver Verstärker. Denn die Entlassung, die Rückkehr ins soziale Umfeld, in die eigenen Wohnräume und das Ver- lassen der mitunter strengen, vorgegeben Strukturen der Station gelten grundsätzlich als erstrebenswert. Die tatsächliche Erreichbarkeit dieses Ziels mitzuerleben, kann die Patient*innen motivieren, an sich zu arbeiten und sich auf die Therapien einzulassen.

In dem gesamten Lernprozess, der sich im Fall einer Anorexia Nervosa oft über Monate oder Jahre hinzieht (Reich & Cierpka, 2001), erhöhen einige von Bandura benannte Faktoren die Wahrscheinlichkeit des Lernerfolgs, solange sich die Patient*innen im stationären Setting befinden. Dazu gehört beispielsweise die Ähnlichkeit zwischen der beobachtenden Person und der beobachteten Person (Bandura, 1971), in diesem Fall also eines*r Patient*in und seiner*ihrer Mitpatient*innen. Da eine Klinik für stationäre Verhaltenstherapie bei Anorexia Nervosa in der Regel getrennte Stationen für Männer und Frauen führt, ist die gleiche Geschlechtsidentität bereits gegeben und die Wahrscheinlichkeit der Empathie füreinander und Solidarität miteinander steigt durch die Gesellschaft von ausschließlich Frauen oder Männern. Hinzu kommt der Aspekt, dass alle Patient*innen durch die Diagnose einer Anorexia Nervosa ein wichtiges gemeinsames Merkmal haben. Durch Gespräche unter den Mitpatient*innen und das Verständnis untereinander für die herausfordernde Situation, eine psychische Erkrankung bewältigen zu müssen/zu wollen, entsteht ein weiterer Faktor, der die Wahrscheinlichkeit der Nachahmung eines Verhaltens begünstigt: emotionale Bindung (Bandura, 1971).

Als negativ zu bewertende Lerneffekte in Bezug auf Anorexia Nervosa, aber auch andere Essstörungen, können im Rahmen verschiedener Internetphänomene und Medien auf- treten (Jung & Jackob, 2021; Walder, 2018). Dazu gehören einerseits gängige Soziale Medien, die begünstigen, dass Nutzer*innen durch Algorithmen Inhalte sehen, die zu dem häufig konsumierten Content passen. Wenn dadurch überwiegend oder ausschließlich Menschen gezeigt werden, die einem sehr schlanken oder sogar anorektisch-schlanken Körperideal entsprechen, kann hoher Konsum dieses Contents zu Verzerrungen des Körperbildes führen und somit eine Essstörung begünstigen (Walder, 2018). Auch die Darstellung, insbesondere weiblicher Personen, in Film und Fernsehen ist bisweilen als problematisch einzustufen. Hauptcharaktere und Sympathieträgerinnen werden meistens von schlanken

Schauspielerinnen verkörpert und stoßen somit den Lerneffekt an, dass Schlanksein mit Sympathie, Klugheit, Erfolg und erfolgreichen Beziehungen ein- hergeht (Baumann, 2009).

Abgesehen von Film, Fernsehen und Sozialen Medien gibt es weitere Internetforen, die relevant im Kontext von Essstörungen sind. Die sogenannten Pro – Ana (Anorexia Nervosa) -, oder Pro – Mia (Bulimia Nervosa) – Foren stellen eine Bewegung dar, im Rahmen derer Betroffene sich zusammenfinden und austauschen können. Charakteristisch für die Foreninhalte ist, dass die Betroffenen ihre Essstörung nicht nur nicht bekämpfen wollen, sondern diese sogar befürworten, aufrechterhalten wollen und sich gegenseitig Tipps geben, wie Gewichtsverlust noch effektiver erreicht werden und wie man sich der Aufmerksamkeit anderer Menschen entziehen kann (Bardone-Cone & Cass, 2007; Norris, Boydell, Pinhas & Katzman, 2006). Der Ursprung dieser Internetforen liegt in den 1990er-Jahren in den USA. Nur wenige Jahre später wurde auch in Deutschland davon berichtet (Bell, 2007). Das ganze Phänomen funktioniert auf Grundlage einer translokalen sozialen Welt: Der eine Fokus ist die Welt Zuhause, der andere das jeweilige Forum. Anhand von Fotos werden Gewichtsabnahmen dokumentiert und geteilt. In anderen Teilen der Foren können Fotos geteilt werden, die als das Ziel oder zumindest als Etappen- ziel fungieren und die Forennutzer*innen motivieren und anspornen. Verharmlosend werden diese als „Thinspirations" betitelt (Schünzel, 2019).

Auch anhand der Pro–Ana- bzw. Pro–Mia-Foren lassen sich die Prozesse der Sozialkognitiven Theorie von Bandura erläutern. In diesem Fall gehen die Lernprozesse allerdings nicht in die kurative Richtung, sondern verstärken Symptome von Essstörungen, senken das körperbezogene Selbstwertgefühl weiter ab und verlängern den Krankheitsprozess signifikant (Theis, Wolf, Fiedler, Bachenstrass & Kordy, 2012).

Im Rahmen der Aufmerksamkeitsprozesse, des ersten Teils der Aneignungsphase, (Banudra, 1971) nimmt die betroffene Person die Tipps, Fotos von anderen Betroffenen und „Thinspirations" in den Pro – Ana – und Pro – Mia – Foren wahr. Sie erfahren durch den Austausch oder auch allein durch das Mitlesen von Forenkommunikation, welches Verhalten andere Forennutzer*innen an den Tag legen und wie sich dieses auf ihr Ge- wicht auswirkt. An dieser Stelle ist also bereits eine stellvertretende Verstärkung zu benennen: der berichtete Gewichtsverlust.

Dieser kann sowohl eine positive als auch eine negative Verstärkung sein. Eine positive Verstärkung erfolgt durch Lob und Anerkennung, die im Forum auf die Mitteilung und/oder Dokumentation des Gewichtsverlustes erfolgt. Der Gewichtsverlust bedeutet aber auch eine Konsequenz auf ein Verhalten wie beispielsweise die Vermeidung von Nahrungsmittelaufnahme, Konsum von Diuretika oder Laxantien, die einen als unangenehm empfundenen Zustand reduziert. In diesem Fall: das Gewicht. Unter diesem Gesichtspunkt ist der Gewichtsverlust als negative Verstärkung einzustufen.

Durch häufigen Konsum der im Forum dargestellten Inhalte werden die Gedächtnisprozesse begünstigt, denn die Beobachtungen prägen sich ein. Daraufhin erfolgt die Reproduktionsphase. Der*die Forennutzer*in ahmt ein Verhalten nach, das ihm*ihr vorteilhaft erscheint, um sein*ihr Ziel der Gewichtsabnahme zu erreichen. Die Verstärkungs- und Motivationsprozesse finden nicht in der zentralen Lebenswelt Zuhause statt, sondern in dem gewählten Forum. Dort wird fortschreitender Gewichtsverlust oder ausbleibender Gewichtsverlust kommuniziert und mit entsprechenden Reaktionen der Mitnutzer*innen bedacht. Diese können von Lob über Ermahnungen bis hin zu Androhungen des Ausschlusses aus der Community reichen, falls kein Gewichtsverlust erzielt wird (Schünzel, 2019). Somit können in diesem Kontext alle Formen der Verstärkung dazu dienen, er- wünschtes Verhalten hervorzurufen. Bestrafungen, zum Beispiel in Form von Beschimpfungen, Drohungen oder Beleidigungen, fallen in Foren des Öfteren recht harsch aus, denn die Nutzer*innen können hier anonymisiert auftreten und dadurch ungehemmter kommunizieren (Schünzel, 2019). Durch solcherlei Bestrafungen kann das körperbezogene Selbstwertgefühl der betroffenen Person gesenkt werden. Denn der Anonymität des Forums stehen private, wenn nicht sogar intime Einblicke in die eigene optische Erscheinung und das Aussehen des Körpers entgegen, die die Vulnerabilität einer Person erhöhen und sie somit angreifbar machen.

Auch in den Pro–Ana- und Pro–Mia–Foren erhöht der Faktor der Ähnlichkeit die Wahrscheinlichkeit, dass berichtetes oder anderweitig gezeigtes Verhalten imitiert wird. Denn die Nutzer*innen sind auch in diesem Kontext durch das Merkmal ihrer Essstörung verbunden. Hinzu kommt, dass der größte Teil der Nutzer*innen heranwachsende Mädchen und junge Frauen ist. Sie sind also durch das Merkmal der Geschlechtsidentität verbunden, aber auch durch ihre Altersgruppe, die mit ähnlichen Entwicklungsaufgaben, Schwierigkeiten und Umbrüchen einhergeht. Durch den Austausch, das Feiern von „Meilensteinen" auf dem Weg zum möglichst geringen Gewicht und das gegenseitige An- spornen können auch auf Grundlage einer translokalen sozialen Welt emotionale Bindungen zwischen den Nutzer*innen entstehen. Möglicherweise ist diese Form der emotionalen Bindung aber auch eher als Bindung zwischen der einzelnen betroffenen Person und dem Internetforum als solchem zu interpretieren oder als Bindung der Betroffenen zu ihrer eigenen Essstörung, die im Falle der Anorexia Nervosa auch des Öfteren als Freundin „Ana" bezeichnet wird (Schünzel, 2019).

Abschließend gesagt, zeigt sich deutlich, in wie vielen verschiedenen Lebens- und Fachbereichen Lernprozesse mit der Sozialkognitiven Lerntheorie von Bandura nachvollzogen werden können. Trotz der bereits jahrelangen Forschung in dem Feld der Lerntheorien klaffen dennoch immer noch Forschungslücken, die nach und nach geschlossen werden sollten, um mehr Aufschluss über den komplexen Prozess des Lernens zu geben.

Literaturverzeichnis

Bandura, A. (1971). *Social learning theory.* Morristown.

Bandura, A., Freeman, W. H. & Lightsey, R. (1999). *Self-efficacy: The exercise of control.*

Bandura, A., Ross, D. & Ross, S. A. (1963). Imitation of film-mediated aggressive models. *The Journal of Abnormal and Social Psychology, 66*(1), 3.

Bandura, A., Verres, R. & Kober, H. (1979). *Sozial-kognitive Lerntheorie.* Klett-Cotta.

Bardone-Cone, A. M. & Cass, K. M. (2007). What does viewing a pro-anorexia website do? An experimental examination of website exposure and moderating effects. *International Journal of Eating Disorders, 40*(6), 537-548.

Baumann, E. (2009). *Die Symptomatik des Medienhandelns.* von Halem.

Bell, V. (2007). Online information, extreme communities and internet therapy: Is the internet good for our mental health?. *Journal of mental health, 16*(4), 445-457.

Dilling, H. & Freyberger, H. J. (2016). *Taschenführer zur ICD-10-Klassifikation psychischer Störungen.* Bern: Huber.

Edelmann, W. (2000). *Lernpsychologie.* Beltz, PVU.

Früh H. & Brosius HB. (2008) Gewalt in den Medien. In: Batinic B., Appel M. (eds). Medienpsychologie. Springer-Lehrbuch. Springer, Berlin, Heidelberg. https://doi.org/10.1007/978-3-540-46899-8_7.

Green, M. G. & Piel, J. A. (2015). *Theories of human development: A comparative approach.* Psychology Press.

Herpertz, S. (2012). Essstörungen. In *Psychodynamische Psychotherapien* (pp. 235-244). Springer, Berlin, Heidelberg.

Hudjetz, A. (2014). *Modelllernen im Ernährungskontext: mütterlicher und väterlicher Einfluss auf die Ernährung adipöser Kinder [[Elektronische Ressource]]* (Doctoral dissertation, Universitätsbibliothek der Universität Potsdam).

Jung, T. L. & Jackob, N. (2021). Zu schön, um wahr zu sein. Über das mediale Körperbild und die Entstehung von Essstörungen. *Communicatio Socialis (ComSoc), 54*(3), 387-400.

Mccormick, M. J. & Martinko, M. J. (2004). Identifying leader social cognitions: Integrating the causal reasoning perspective into social cognitive theory. *Journal of Leadership & Organizational Studies, 10*(4), 2-11.

Mummer, L. (2019). Kommunikation über Ernährung, Essstörungen und Adipositas.

In *Handbuch der Gesundheitskommunikation* (pp. 567-578). Springer VS, Wies
baden.

Nabavi, R. T. (2012). Bandura's social learning theory & social cognitive learning
theory. *Theory of Developmental Psychology*, 1-24.

Norris, M. L., Boydell, K. M., Pinhas, L. & Katzman, D. K. (2006). Ana and the Internet:
A review of pro-anorexia websites. *International Journal of Eating Disorders*,
39(6), 443-447.

Raynor, H. A., van Walleghen, E. L., Osterholt, K. M., Hart, C. N., Jelalian, E., Wing,
R. R., Goldfield, G. S. (2011). The relationship between child and parent food
hedonics and parent and child food group intake in children with
overweight/obesity. *Journal of the American Dietetic Association, 111*, 425-430.

Reich, G. & Cierpka, M. (2001). *Psychotherapie der Essstörungen: Krankheitsmodelle
und Therapiepraxis–störungsspezifisch und schulenübergreifend*. Stuttgart.

Reuter, S. (2015). *Behaviorismus, Kognitivismus und Konstruktivismus. Lehr- und
Lerntheorien*. diplom.de.

Ruholl, S. & Schneider, F. (2007). *Selbstwirksamkeit als Indikator für psychische
Störungen: Status und Verlauf* (No. RWTH-CONV-124264). Lehrstuhl für
Psychosomatik und Psychotherapie.

Schünzel, A. (2019). „Thinspireme "–Zur Bedeutung des sozialen Imaginären in Pro-
Ana. *Österreichische Zeitschrift für Soziologie, 44*(2), 179-193.

Sokolwoski, N. (2011). *Sexualdelinquenz im Kindes- und Jugendalter. Die Anteile
sozial- kognitiver Lernprozesse am Entstehen sexueller Aggression* (Doctoral
dissertation, Hochschule für angewandte Wissenschaften Hamburg).

Theis, F., Wolf, M., Fiedler, P., Backenstrass, M. & Kordy, H. (2012). Essstörungen
im Internet: Eine experimentelle Studie zu den Auswirkungen von Pro-
Essstörungs- und Selbsthilfewebsites. *PPmP-Psychotherapie· Psychosomatik·
Medizinische Psychologie, 62*(02), 58-65.

Theunert, H. (1996). Gewalt in den Medien–Gewalt in der Realität. *Gesellschaftliche
Zusammenhänge und pädagogisches Handeln. München: KoPäd, 2*.

Waldner, I. (2018). Reflexionen zur Relevanz der Influencer-Erscheinung in dem
zukünftigen Ernährungs-und Verbraucher* bildung. *HiBiFo–Haushalt in Bildung
und Forschung, 7*(4), 19-20.

Wolter, M. (2014). *Gewalt vermeiden: Vom Wissen zum Können!: Wie Soziale
Kompetenztrainings effektiv wirken*. Tectum Wissenschaftsverlag.

Zipfel, A. (2020). Diskussionsfelder der Medienpädagogik: Gewalt und Medien. *Hand buch Medienpädagogik*, 1-9.

BEI GRIN MACHT SICH IHR WISSEN BEZAHLT

- Wir veröffentlichen Ihre Hausarbeit,
  Bachelor- und Masterarbeit

- Ihr eigenes eBook und Buch -
  weltweit in allen wichtigen Shops

- Verdienen Sie an jedem Verkauf

Jetzt bei www.GRIN.com hochladen und kostenlos publizieren